la petite vermillon

D1393503

Pièces juvéniles

Jean Anouilh

PIÈCES JUVÉNILES

ŦR

La Table Ronde
14, rue Séguier, Paris 6ᵉ

ISBN 326-0-0501-0759-4.

Sommaire

Avant-propos

À quinze ans, Jean Anouilh savait qu'il était auteur dramatique. Encore en culottes courtes il avait déjà écrit une tragi-comédie — *Mondor et Tabarin* — en alexandrins sonores dans le style d'Edmond Rostand ou d'Alexandre Dumas, et ses cahiers d'écolier portaient bien d'autres projets...

À quinze ans, par un pluvieux dimanche de novembre 1950, très inconfortablement perché au dernier rang du plus haut balcon de Marigny, un autre jeune homme découvrait — subjugué par la grâce des Renaud-Barrault — le texte le plus brillant, le plus théâtral qu'il lui avait été donné d'entendre, cette *Répétition* restée l'un de ses plus émouvants souvenirs de théâtre. Il lui fallait se rendre à l'évidence : Anouilh serait « son » auteur.

Les douze années suivantes furent un régal pour le boulimique qu'il était devenu : pas moins de treize créations dont il avait l'impression qu'elles n'avaient été écrites et mises en scène que pour lui. Puis ce fut la longue attente, la traversée du désert, mal vécue, jusqu'à l'éblouissement de *Cher Antoine*, sa pièce préférée tant l'auteur et l'homme y sont tout entiers. Suivirent encore quelques bonheurs de théâtre hélas interrompus en 1987. La passion du jeune homme restait intacte, intact aussi le regret de n'avoir jamais osé écrire à Jean Anouilh à quel point il se sentait proche de lui et combien son œuvre avait compté.

Le hasard me fit un clin d'œil en 1988, époque à laquelle je me liais d'amitié avec des membres de la famille de Jean Anouilh, amitié qui malgré les traverses ne s'est jamais démentie. Libraire de livres anciens et d'autographes, je fus amené à examiner un ensemble important d'archives de « mon auteur ». On peut imaginer avec quelle gloutonnerie je me jetais sur ce festin qui dormait dans des cartons depuis des années et que j'étais pratiquement le premier à découvrir. Je ne fus pas déçu : parmi les merveilles qui m'étaient livrées en vrac, figuraient les œuvres de jeunesse qui composent ce petit volume. Anouilh les avait conservées, sans en parler, jamais. Je déchiffrais chaque phrase avec volupté — les manuscrits d'Anouilh ne sont pas toujours faciles à lire ! — j'établissais des correspondances entre les promesses de l'adolescent et la perfection de l'auteur au sommet de son talent, je hoquetais de rire à la lecture de la dissertation qui avait valu une note infamante au jeune « cancre », j'admirais ce sens inné de la construction dramatique que possédait le débutant Anouilh. Pendant les mois que dura ce travail de mise en forme, je vécus littéralement « Anouilh », je me levais Anouilh, je mangeais Anouilh, je rêvais Anouilh, je ne parlais que de lui et mes proches commençaient à trouver cette *anouilhmania* un tantinet encombrante !

Aujourd'hui j'ai la joie de voir paraître ces *Juvéniles* qui viennent illustrer la nouvelle édition du *Théâtre* de Jean Anouilh à cette Table Ronde si chère au cœur du plus grand dramaturge français du XXᵉ siècle. Heureux lecteurs, vous avez maintenant la chance de découvrir ces petites merveilles de fraîcheur, ces promesses émouvantes qui devaient déboucher sur tant de moments de bonheur.

Patrice Rostain.

Présentation

Devoir de classe

Manuscrit autographe sans titre (dissertation française). 7 pages in-4°, sur papier rayé d'écolier. Signé en tête : « Anouilh 46 ». Sans date (1926 ou 1927).

Alors qu'il était élève de seconde ou de première au lycée Chaptal, Jean Anouilh a eu, en dissertation, le sujet suivant : « Dites ce qu'il faut entendre par une tragédie classique. Montrez les règles qu'elle observe et les caractères qui font son originalité. »

Le moins que l'on puisse dire, c'est que le jeune Anouilh s'en est donné à cœur joie. Après avoir évoqué un « cadre stupide », il conspue l'unité d'action qui entraîne une « platitude et une monotonie désespérantes ». Puis il s'en prend aux confidents, dont chaque réplique est « horriblement soporifique » et conclut son devoir en ces termes : « Quant à l'originalité de la tragédie, c'est proprement de ne pas en avoir. »

Cette diatribe lui vaut un « 1 » honteux, assorti d'une appréciation virulente : « Devoir qui marque une absence totale de mesure, de goût et de tact et beaucoup d'ignorance. Plaisanteries naïves, puériles et déplacées. »

Mondor et Tabarin

Manuscrit. 26 pages in-4°, sur papier rayé d'écolier. Daté postérieurement « juin 1924 » par l'auteur.

À l'âge de quatorze ans, Jean Anouilh s'essaie pour la première fois à la tragi-comédie. Dans le style d'Alexandre Dumas et d'Edmond Rostand, il met en scène deux bateleurs qui ont recueilli une orpheline un soir d'hiver et qui, au fil du temps, en sont tous deux tombés amoureux.

Seul le début de cette pièce en alexandrins a été retrouvé. On ignore donc si Jean Anouilh en a achevé la rédaction. Mais ces 26 pages de *Mondor et Tabarin*, agrémentées de nombreuses ratures, corrections et ajouts à l'encre et au crayon, illustrent l'extrême précocité de l'auteur tout en témoignant de l'importance qu'il attachait à ses écrits. Ses scènes sont bien équilibrées, ses dialogues vifs et incisifs. Et si les alexandrins sont parfois un peu boiteux, en quelques répliques, l'action est posée.

Fragment

Manuscrit autographe sans titre. 18 pages sur papier d'écolier, daté du 17 juin (probablement 1925 ou 1926), paginé au crayon. Manquent les pages 10 et 11.

Le héros de cette pièce en prose, dont seul le 2e tableau est parvenu jusqu'à nous, est un jeune prince « de Saix et Bonbon », qui devient, bien malgré lui, le chef de l'opposition royaliste en France. Or ce jeune homme « se sent peuple » et ne rêve que d'une vie simple…

Dans ce tableau, qui a pour cadre le jardin des Tuileries, plusieurs personnages apparaissent, du meilleur ami du prince jusqu'à une cousette effarouchée en passant par un marchand de journaux et un vieux comte libidineux. Le rythme est soutenu, les dialogues enlevés. Quant à la scène de séduction du vieux beau, elle n'est pas sans évoquer

Colombe, une pièce qu'écrira Jean Anouilh un quart de siècle plus tard.

Les Deux Cocus

> Manuscrit autographe complet. 10 pages in-4°, sur papier quadrillé. Sans date (1927 ?).

Jean Anouilh n'a que dix-sept ou dix-huit ans lorsqu'il écrit *Les Deux Cocus.* Cette courte pochade met en scène deux amis qui partagent sans le savoir la même maîtresse, une certaine Mina Bella, des Folies Périlleuses. Dans ce petit acte au ton vif et léger, la situation est rapidement exposée. Puis quiproquos et rebondissements se succèdent, un peu comme chez Feydeau.

À l'origine, les deux héros s'appellent Dupont et Durand, ce qui fait immédiatement penser aux Dupont-Dufort du *Bal des voleurs.* Mais l'auteur les rebaptisera, sans que l'on sache pourquoi, Polar et Jasone. Par la suite, on notera souvent chez Anouilh des hésitations ou des repentirs quant au nom de ses personnages.

Le verbe s'est fait chair

> Manuscrit autographe en deux parties, sans date (1926 ? pour la première version, quelques années plus tard pour la deuxième). Première version : 8 pages petit in-4°, sur papier rayé d'écolier. Deuxième version : 10 pages in-4°, sur papier pelure.

Cette étonnante farce biblique attribue la naissance du Christ aux amours éphémères de Marie et d'un centurion romain ami de César. Marie aurait été achetée, pour la somme de cent pièces d'or, à la pauvre sainte Anne et amenée de force au camp des Romains pour servir au repos du guerrier vainqueur !

Il s'agit ici du début de la pièce, qui retrace l'arrivée de Marie au camp et l'entreprise de séduction du centurion. L'existence de deux versions permet de comparer l'évolution du sens dramatique chez Jean Anouilh. En effet, si le dialogue change peu sur le fond, il évolue sensiblement dans sa forme et devient à la fois plus fort, plus poétique et plus scénique. Quant aux décors et aux costumes, à peine évoqués dans la première version, ils acquièrent une grande importance dans la deuxième.

Enfin, l'une des scènes de cette farce, où Marie vient annoncer son infortune à Joseph, n'est pas sans faire penser à une pièce postérieure de Jean Anouilh, *L'Alouette*.

Sans titre (films publicitaires pour la lotion O'Cap)

Manuscrit autographe complet. 17 pages in-8°, au verso de partitions dites « petits-formats ». Sans date (1930 ?).

Témoins du passage de Jean Anouilh dans le monde de la publicité, où il rencontra Jacques Prévert, ces trois saynètes sont menées sur un rythme endiablé. Destinées à être filmées sous forme d'écrans publicitaires pour les entractes au cinéma, elles vantent la célèbre lotion capillaire O'Cap.

La première met en scène une petite fille de Montélimar qui doit présenter au président de la République les nougats de sa bonne ville. Découvrant qu'elle a les cheveux pleins de pellicules, le chef du protocole lui administre une friction.

Dans la deuxième, cette petite fille est devenue la maman d'un horrible Toto, qui se juche sur une armoire pour échapper au shampoing destiné à le débarrasser de ses pellicules. Il n'en descend que parce que son père lui promet un traitement qui ne dure qu'une minute et ne lui mouille pas la tête.

Dans la troisième saynète, Toto arrive en retard à l'école. Interrogé sur les Capétiens, il explique que c'étaient des rois qui se servaient d'O'Cap, et vante, avec toute sa classe, les mérites de la lotion auprès de son professeur.

Truffées de calembours (par exemple, le chef du protocole devient celui du « pot de colle ») ces saynètes consti-
tuent l'acte de naissance de Toto, un personnage que l'on
retrouvera dans de nombreuses pièces de Jean Anouilh.

[Devoir de classe]

Anouilh

~~Être ce qui marque il faut entendre par une tragédie classique. Nombre de règle qu'elle observe et le caractère fondamentaux de la~~

~~Ce qui il faut comprendre d'une tragédie classique c'est une solution~~ très étendue d'événements, pour employer le langage des chimistes.

On avait besoin de ce calme après une période qui s'est complue aux solutions sursaturées d'événements qu'étaient les *~~tragi~~* comédies.

La tragédie classique est une étude psychologique. Cette étude est étroitement prisonnière d'un cadre *~~stupide~~* qui a peut-être entravé le génie de Racine, et surtout de Corneille. La règle des trois unités est le cadre de la tragédie.

Devoir

Or

Ou

Expression qui manque

se mener

et le goût

Elle fut promulguée par Mairet
Ce Médiocre Rival de quelques
Cid, a ainsi servi à resserrer
un corps trille à son ennui
grand Corneille.
Il voulait que l'on respectât
l'unité de temps. Cela dit
que la pièce ne parcourait
dans une durée de vingt-quatre heures
J'ai trouvé cette idée...
Cette unité de temps entraîne
l'unité de lieu. A ces deux unités
vient s'ajouter l'unité d'action.
Mais cette unité d'action a
aussi dans le théâtre d'alors
avait déjà une véritable
attitude d'idée, une latitude...

Il bannit tout spectacle... le
personnage, à en venir aux
la scène, deux par un...
au long diabolique, toujours...
mode, vous emportent leurs
atténuements. Quand ils ont fini
ils reviennent le plus à deux autres
reviennent le plus à deux autres...
qui doit qui seul ce qui...
De la création de la race...
considérant qu'elle confond et...
qu'il s'agit qu'ils confondent et...
... être volontairement qui sont...
tout ce qui lui des êtres...
pensent que au interprétation
humides ou des ; Seigneur...
en tout, voilà...

"Mais cependant un fou !...
Vous, j'ai d'anciens...
Devenir homme ?"
est ce que l'on demain
...la plus profonde

...ce que l'amour, la colère,
peuvent s'exprimer ainsi ?

Le sujet de la tragédie est toujours
puis non dans l'antiquité par
leur l'histoire d'un personnage
ayant une époque qui peut être plus
récent.

C'étaient que Racine a emprunté
Voltaire, Mahomet, Tancrède
ne m'ont jamais émue car n'ayant
aucun fondement local. leur

Faux

Les personnages sont les types
éternels. Il y a bien entendu,
des exceptions surtout chez Racine.
Le personnage pourtant? Tous
le même temps je n'ai
la division suivante, ou
ou chacun a son goût. bien à les
suivant son caractère ou son rang

Hors sujet

et toujours l'avarice

Faux, la tragédie classique
n'a jamais le héros
le dénouement en amène
ment une catastrophe, ce qui
termine radicalement la
mais maladroit que. Il faut que
le spectateur ressente la pitié
et la terreur.

Voilà les deux principales
qualités de la tragédie
classique.

Vérifions ces caractères sur une
tragédie de Corneille, Néron
par exemple.
Les points de vue se suc-
cèdent du beau et expédie.
La recommandation devant la
combat. Le meurtre de Camille
le pardon du Roi heureux et
l'unité du lieu est aussi
Rome dans un même jour.
L'unité de lieu est aussi
o à la salle classique des tragédies
Cette salle classique qui sert facilement

Dites ce qu'il faut entendre par une tragédie classique.
Montrez les règles qu'elle observe et les caractères qui font
son originalité.

Note : 1. Devoir qui marque une absence
totale de mesure, de goût, de tact et beaucoup
d'ignorance. Plaisanteries naïves, puériles et
déplacées.

Ce qu'il faut entendre par une tragédie classique ?
Une solution très étendue d'événements, pour
employer le langage des chimistes.

On avait besoin de ce calme après une période qui
s'est complu aux solutions sursaturées d'événements
qu'étaient les tragi-comédies.

La tragédie classique est une étude psychologique.
Cette étude est étroitement prisonnière d'un cadre
stupide qui a peut-être entravé le génie de Racine, et
surtout de Corneille.

La règle des trois unités est le cadre de la tragédie. Elle fut promulguée par Mairet. Ce médiocre rival de l'auteur du *Cid* a ainsi, sans le savoir, porté un coup terrible à son ennemi le grand Corneille.

Il voulait que l'on respectât l'unité de temps. C'est-à-dire que la pièce se passât entièrement dans une période n'excédant pas vingt-quatre heures.

Cette unité de temps entraîne l'unité de lieu. À ces deux unités s'ajoute une troisième, celle-là plus logique : l'unité d'action.

Mais cette unité d'action a entraîné, dans le théâtre d'alors qui subissait déjà une véritable disette d'idées, une platitude et une monotonie désespérantes.

Le dramaturge dans une tragédie classique prend une crise morale. À dessein il la choisit le plus près possible de sa fin. Il bannit tout spectacle. Les personnages s'en viennent sur scène, deux par deux, et, en de longs dialogues composés de tirades, vous exposent leurs sentiments. Quand ils ont fini, ils laissent la place à deux autres.

Seulement un héros ne peut pas dire tout seul ce qu'il pense. D'où la création de la race des confidents qui infecte la tragédie classique. Le confident est un être complaisant qui écoute tout ce qu'on lui dit en ne plaçant que des interjections timides ou des : « Seigneur... » en temps voulu.

C'est horriblement soporifique. Il vous prend envie de leur crier : « Mais agissez un peu ! Remuez ! Vivez ! Parlez moins ! Soyez moins longs ! Devenez hommes ! »

Est-ce que l'on vit jamais quelqu'un parler par tirades interminables !

Est-ce que l'amour, la colère, peuvent s'exprimer ainsi ?

Le sujet de la tragédie est toujours pris soit dans l'Antiquité soit dans l'histoire d'un peuple éloigné à une époque qui peut être plus récente.

C'est ainsi que Racine a écrit *Bajazet*, Voltaire *Mahomet, Zaïre, L'Orphelin de Chine*.

Mais dans ce genre les classiques n'ont jamais réussi car n'ayant aucune couleur locale, leurs œuvres exotiques sont ternes.

Le style jamais épique ou lyrique semble souvent celui d'avocats qui plaident. Il y a bien entendu des exceptions, surtout chez Racine.

Les personnages parlent le même langage. Ce n'est pas la diversité amusante d'un Molière où chacun a son parler bien à lui suivant son caractère ou son rang. Dans la tragédie classique, c'est toujours l'auteur qui parle, jamais le héros.

Le dénouement est immuablement une catastrophe, ce qui termine radicalement les crises psychologiques. Il faut que le spectateur ressente la *pitié* et la *terreur*.

Voilà les deux principales aspirations de la tragédie classique.

Vérifions ces caractères sur une tragédie de Corneille, *Horace* par exemple.

L'unité de temps est respectée, les lamentations diverses, le combat, le meurtre de Camille, le pardon du Roi peuvent se passer dans un même jour.

L'unité de lieu l'est aussi. C'est la salle classique des tragédies. Cette salle qui sert spécialement aux héros pour venir y dire leurs joies ou leurs peines.

L'unité de lieu est respectée comme les autres. Rien ne vient nous distraire de la lutte de Rome et d'Albe.

La peinture psychologique est simpliste. Nous avons une douzaine de braves gens heureux, une catastrophe survient, la guerre. Ils sont tout malheureux, seulement certains le montrent et d'autres le cachent. C'est clair, c'est net, le spectateur n'a pas à réfléchir.

Évidemment nous ne voyons pas le combat. L'éternel confident (qui ici est une confidente) nous le raconte en arrangeant son récit pour permettre de belles répliques au vieil Horace.

Mais nous apprenons que le fils n'a pas fui. Tout va pour le mieux, l'idéal de Corneille est préservé et l'amour plie devant le devoir. La crise va finir.

Seulement voilà, il reste encore une fiancée qui pleure. Ça vous semble difficile à apaiser, les pleurs d'une fiancée ? Allons donc ! Les héros de tragédie n'en sont plus là ! On la tue pour qu'elle cesse de pleurer.

Et voilà, tous ceux qui restent sont du même avis, donc la crise psychologique est résolue.

On est tenté de dire, comme les prestidigitateurs, rien dans les mains, rien dans les poches. Tout cela est faux et affreux et si ce n'était les caractères vraiment originaux et quelques beaux vers, on pourrait faire foin de « Horace » à mon avis.

Quant à l'originalité de la tragédie classique, c'est proprement de ne pas en avoir.

— Tabarin —

Scène I

Tabarin, mondor, la Duègne

~~Dans un coin du théâtre~~

Mondor à la duègne
(lui montrant le fond)

Un carosse est là-bas, au bout d' cette rue,
Prenez le.

La Duègne
revenant

Je le prends

Mondor

Votre maman viendra
affalée lourdement en croquant des coussins
Prez-sau avon peu de ses ans spedami
C'est ~~un di sus~~ aussi j'au co cher qu'il nous voule mon
Rue des ~~Jentbords~~ pès . S Phillippe du Roulis

Mondor et Tabarin

SCÈNE I

TABARIN, MONDOR, LA DUÈGNE.

Dans un coin du théâtre [rayé].

MONDOR
(à la Duègne, lui montrant le fond)

Un carrosse est là-bas, au bout de cette rue. Prenez-le.

LA DUÈGNE, *révérence*

Je le prends.

MONDOR

Votre masse ventrue
Affalée lourdement en craquant les coussins
Criez — sans avoir peur de ses airs spadassins
C'est un ami, criez au cocher qu'il vous roule
Rue du Vertbois près Saint-Philippe-du-Roule
Au couvent des clarisses.

La Duègne voulant répéter avec une révérence :

Au cou...

Tabarin lui tape sur l'épaule. Elle s'arrête surprise
(Mondor lui donne un papier).

               Montrez ceci
À la mère et menez votre maîtresse ici
Dans le plus grand secret. Vous avez là les clés
Qui ouvrent du couvent les portes jadis closes
Qui l'arrachent soudain de prison et qui font
Que finissant sa vie d'enfant qui se morfond
En classe elle va pouvoir, (si) jeune et (si) jolie
Goûter enfin l'amour et savourer la vie.

               (La Duègne ébauche un sourire scandalisé.)

Surtout cachez le nom de son père adoptif.

               (Un temps, il lui jette une bourse.)

Prenez cet or. Et revenez d'un pas hâtif.

            LA DUÈGNE

Ici même donc, Mondor ?

            MONDOR

               Oui, devant cette estrade
Où nous ferons tous deux dans un moment parade
Et qu'elle ignore tout.

            LA DUÈGNE

            C'est entendu…

            (S'inclinant en une profonde révérence.)

            Messieurs
Je vais prier pour vous Jésus maître des cieux
Fils de dieu, dans le but qu'en ce jour de carême
Il efface vos fautes…

TABARIN, *impatient*

Effacez-vous vous-même !

(La Duègne va pour partir puis arrivée au fond elle vide la moitié de la bourse dans son grand [couffin ?] puis revient près de Mondor et de Tabarin qui causent à mi-voix et n'ont pas vu son manège.)

LA DUÈGNE

La bourse ne contient qu'un écu et six sols.

TABARIN *(se retournant)*

Encore ! Ah çà, morbleu prenez la mienne au vol
Mais pressez-vous.

(La Duègne sort.)
(À Mondor :)

Je doutais que cela finisse !

La Duègne réapparaissant.

C'est bien rue du Vertbois ? Au couvent des clarisses ?

(Tabarin exaspéré lui court dessus, la Duègne se sauve apeurée.)

SCÈNE II

MONDOR, TABARIN.

TABARIN, *lui courant après*

Sorcière de guenon au profil de condor !
Ah ce n'est pas trop tôt !

(S'arrêtant devant Mondor qui compte ses doigts.)

Que comptes-tu Mondor
Quel calcul compliqué ou bien problématique
Te remet-il aux prises avec l'arithmétique ?

MONDOR *(s'arrêtant de compter)*

Cela fait dix-sept ans, demain.

TABARIN

Ah

(pensif avec un soupir)

Dix-sept ans !

L'âge où l'amour captif vole en un cœur d'enfant.

MONDOR, *lui prenant le poing*

Ah ! ne dis pas cela Tabarin !

TABARIN

Pourtant !

(Un long silence. Tabarin regarde la Seine qui coule, Mondor médite.)

MONDOR

Écoute.

Va pour moi ce n'est pas même l'ombre d'un doute
Tu l'aimes.

TABARIN

Comme toi !

(Ils se regardent en silence.)

Mais au moins tu es beau !

Tandis que moi...

(Il se renverse sur le parapet prêt à s'évanouir.)

MONDOR

Qu'as-tu ?

TABARIN, *revenant à lui et souriant*

Ce n'est rien

(Montrant le front.)

Ce bobo.

(Un long silence.)

Dix-sept ans aux cerises. Ah Mondor le temps passe.

MONDOR

Dix-sept ans que nous l'avons trouvée dans une impasse
Sanglotant sur la pierre au milieu de la nuit.

TABARIN

Je m'en souviens comme si c'était d'aujourd'hui
Nous revenions joyeux d'une journée de gloire
L'âme en fête et chantant une chanson à boire
Riches de tous nos rêves, riches de nos vingt ans
N'ayant rien dans le ventre et malgré tout chantant
Il neigeait. C'était Noël je m'en rappelle
Une odeur d'oie rôtie s'élevait des écuelles
Où déjà s'étalait quelque animal doré
Petit dieu qu'on aurait volontiers adoré.
Mais qu'importe la faim lorsqu'on rêve fortune
Que l'avenir est là et qu'il fait clair de lune
Nous marchions, quand soudain s'entend un petit cri
Je me baisse et bientôt me relève attendri
Dans un jardin magique, fraîche et à peine éclose
Je venais de cueillir une fleur blanche et rose.

(Un silence.)

MONDOR

Nous l'avons élevée au loin dans un couvent
Dix-sept ans ont passé maintenant.

TABARIN

Dix-sept ans !

(Ils rient tous deux.)

MONDOR

Et elle va venir.

TABARIN

Nous allons tout à l'heure
Pouvoir la contempler !

(Regardant Mondor.)

Que fais-tu donc ?

(Un temps.)

Tu pleures ?

MONDOR, *avec des sanglots dans la voix*
Non, je ne pleure pas.

TABARIN, *lui montrant une larme sur sa joue*
Quel est ce point brillant ?

MONDOR, *s'essuyant vivement*
Rien.

TABARIN

Ah ah ! Quel fait nouveau et bien émerveillant.

MONDOR

Et toi ?

TABARIN

Pas besoin qu'on m'emmaillote
Je suis charmant, je ris.

36

(Il rit bruyamment et s'arrête coupé net.)

MONDOR

Mais non pas tu sanglotes !

TABARIN, *se jetant dans les bras de Mondor*

Ah Mondor !

MONDOR

Tabarin !

(Ils tombent dans les bras l'un de l'autre — un silence.)

TABARIN

Nous serons tous les trois.

MONDOR

Ensemble ! Oh Tabarin quand j'y pense je crois
Que mon cœur saute plus que la vague qui roule.

TABARIN

Je veux que le rouleau de sa vie se déroule
Au milieu des plaisirs.

MONDOR

Nous allons la gâter.

(Un silence.)

Écoute Tabarin cette cloche tinter
Elle va arriver dans un instant peut-être.

(Ils regardent tous les deux l'eau.)

SCÈNE III
LES MÊMES, UN BOHÉMIEN.

LE BOHÉMIEN (*sortant de la baraque*)
Battrai-je le tambour aujourd'hui notre maître ?

> (*Tabarin et Mondor se réveillent en sursaut de leur rêverie.*)

TABARIN
Oui deux heures ont sonné. Battez votre tambour.
Allons va Tabarin ! Pense à tes calembours.

> (*Ils rentrent tous deux dans la baraque.*)

SCÈNE IV

LA FOULE, *qui arrive peu à peu,*
LE TAMBOUR *puis* TABARIN *et* MONDOR,
sur la scène.

LE TAMBOUR (*tapant sur sa caisse*)
Approchez ! Approchez !

UN ARTISAN (*accourant*)
> Tabarin qui commence
>> (*Appelant.*)

Sa parade ! Hep !

> (*La foule arrive en courant.*)

UN GROS BOURGEOIS, *submergé par le flot*
> Mais c'est de la démence !
Que pour un bateleur...

UN BADAUD, *lui tapant sur l'épaule*

Ce bateleur ami
Dans sa batte pour lui, Cadedis ! C'est [admis ?]
C'est l'esprit le plus fou c'est l'âme la plus folle
Mais la sagesse n'est que dans ses gaudrioles.

DEUXIÈME BADAUD, *lui tapant sur l'épaule*

Lorsqu'il t'a par ses mots un moment ébaudi
Tabarin t'a dit plus que Socrate n'a dit
Et en ce bateleur au fond de sa savate
Il y a plus d'esprit

(Lui posant le doigt sur le front.)

Que dessus ta cravate.
De plus c'est un joueur qui manie le bâton
Mieux qu'un premier prévôt ne manie l'espadon.

PREMIER BADAUD

Hier au duc d'Aiglemon dont la morgue hautaine
Le méprisait il dit son fait

DEUXIÈME BADAUD

Sans prendre de mitaines.

PREMIER BADAUD

Le duc pour le tuer envoie dix spadassins
Il les connaissait tous, et les dix assassins
Avec l'assassiné, au cabaret vont boire.
Tabarin n'avait pas terminé ses déboires
Le duc l'apprend et vient avec quelques amis.
Ce qu'il dut se passer, Cadedis, fut encore
Un combat effrayant, n'empêche qu'à l'aurore
On trouva deux seigneurs étendus chauds encore

39

Sur le pavé sanglant. C'était des […]
Mais notre Tabarin est en vie.

LE BOURGEOIS, *effrayé*

Mais c'est un spadassin.

PREMIER BADAUD *(au bourgeois)*

                    Plût à Dieu que la terre
Fût de ces spadassins habitée tout entière
Et puis…

(Il parle au bourgeois.)

LE TAMBOUR

Approchez, approchez.

PREMIER TIRE-LAINE

                    C'est le moment
Pendant que cette foule attentive l'écoute.

(Il fait le geste de dérober.)

LE BOURGEOIS

                              Comment !
Où allons-nous seigneur ?

PREMIER BADAUD
(éclatant de rire et lui parlant de nouveau à l'oreille)

On dit même !

PREMIER TIRE-LAINE

Surtout ayez la main légère.

UN ARTISAN

                    Ça commence… il sème

À tout moment des propos hilarants
Tu vas le voir ami.

                    LE TIRE-LAINE
                    Méfiez-vous en tirant
D'accrocher la moins qu'il ne faut.

            LE TAMBOUR *(montant sur l'estrade)*
                              Nobles seigneurs…

            DES VOIX, *dans la foule*
Silence ! — Taisez-vous ! Ne poussez pas la grosse
C'est vous qui me poussez. Chut ! L'insolent ! La rosse !

                    LE TAMBOUR
Du silence !

                    LES VOIX
                    Chut, chut !

                    LE TAMBOUR
                              Mes maîtres Tabarin
Et Mondor.

            PREMIER TIRE-LAINE
    (à une autre qui fouille la poche d'un bourgeois)
            Il va sentir ! Plus doucement serin.

                    LE TIRE-LAINE
C'est que je ne peux pas, la poche est trop profonde.

            PREMIER TIRE-LAINE
Laisse… *(ils vont à un autre bourgeois)*
            prends celui-là.

LE TAMBOUR

                Réputés dans le monde
Les premiers charlatans que la terre eut portés
De lointaines contrées ont ici rapporté
Un baume merveilleux, un souverain remède
Qu'ils vont vous vendre ici après un intermède
Où Maître Tabarin expert en de bons mots
Vous fera rire tous ainsi que vos marmots.
Ce baume que leur fit un vieux fakir de l'Inde
Est fait avec le sang d'une défunte dinde
S'étant nourrie trois mois de la chair d'un cheval
Qui a porté neuf jours le fardeau virginal
D'une enfant de seize ans […]
Dont le père fut mort à trente-trois années

(Il y a quelques rires.)

Cet élixir, bourgeois, est un baume précieux
Qui guérit tous les maux dont nous […]
Il tait du mal de dents les douleurs surhumaines
Calme le rhumatisme, apaise les migraines
En cas d'apoplexie il est bon d'en donner.
Les myopes grâce à lui gardent vierge leur nez
Et de plus la potion si avec on les frotte
Sert à blanchir la peau et à cirer les bottes.

(Mouvement — tambour prolongé.)

LE GROS BOURGEOIS, *à un autre*
Cette drogue qu'il vend qu'en pensez-vous Monsieur ?

UN AUTRE BOURGEOIS
Je dis que c'est braver ouvertement les cieux !

LE GROS BOURGEOIS

Ce produit merveilleux qu'il répand dans le monde
Cela sent son sorcier à dix lieues à la ronde.

L'AUTRE, *montrant Tabarin et Mondor qui viennent d'apparaître sur l'estrade*

Un bûcher allumé ce sera leur trépas.

(À l'autre bourgeois.)

Éloignons [-*nous*] Monsieur, ne nous en mêlons pas.

(Ils sortent très dignes en faisant un geste de pitié.)

LA FOULE

Tabarin ! Tabarin ! et Mondor.

LE TAMBOUR, *après un roulement*

La Parade

Commence !

LA FOULE

Bravo ! Bravo !

UNE VOIX

Vous me cachez l'estrade.

SCÈNE V

LES MÊMES, TABARIN, MONDOR.

TABARIN

Nobles seigneurs je vais et grâce à ce chapeau
Faire surgir devant vous en tristes oripeaux
Un vieux mendiant

43

(Il arrange son chapeau en lourd bonnet de meneur d'oies.)

(Il imite un mendiant.)

Qui passe en tendant sa sébile.

LA FOULE

Ah ! ah ! ah ! ah ! ah !

PREMIER BADAUD
Très bien !

TABARIN

Mais quittons cette vile
Livrée et le piteux décor de la mendicité
Car voici un docteur de l'université.

(Il se promène très digne son chapeau transformé en bonnet de docteur.)

LA FOULE

Bravo !

[TABARIN]
(l'aplatissant en capuchon de moine)
Un capucin égrenant son rosaire !

(Éclats de rire.)

MONDOR, *l'accostant.*
Que fais-tu là pendard ! Vas-tu bientôt te taire ?

[TABARIN]
Mon maître c'est le ciel qui vous envoie ici.
J'ai besoin d'éclaircir certain point obscurci
Où votre esprit savant versera sa lumière.

44

MONDOR *(se rengorgeant)*

Parle ! J'attends ici ta jolie couturière.

TABARIN

Eh, eh mais qui vous dit [*Monsieur ?*] que je ne peux
Mon Maître moi aussi philosopher un peu ?
Vous vous trompez.

MONDOR

Ah ! Ah ! Voyons ça mon bonhomme.

TABARIN, *froidement*

Que créa Dieu d'abord de la barbe ou de l'homme ?

MONDOR

À si sotte question je ne répondrai point
Dieu fit l'homme d'abord et chacun sur ce point
Affiche un même avis. Dis des choses sensées !

TABARIN

Eh bien moi je soutiens que c'est la bar...

MONDOR

Hem ! Tes pensées
Mon pauvre Tabarin sont celles d'un dément.

TABARIN

Mon Maître c'est un fait qu'aucun chrétien dément.
Dieu créa sur la terre les animaux, les plantes
Avant même qu'Adam, notre aïeul s'y implante.

MONDOR

Je t'accorde cela.

TABARIN

Donc la vérité luit.

(Réjoui, scandant ses notes.)

Maître le-bouc-à-barbe fut créé avant lui !

(Tête de Mondor.)

LA FOULE

Ah ! ah ! ah ! ah !

PREMIER BADAUD, *au deuxième.*

Pourtant la chose est véritable.

DEUXIÈME BADAUD

Il l'a cloué tout net.

PREMIER BADAUD

Ce n'est pas contestable !

DES VOIX DANS LA FOULE,
voyant la mine de Mondor

Ah ! ah ! ah ! — Très bien — Oh non c'est bon cela.
Ah ! ah ! Sacré Mondor il est penaud — Ah ! ah !
Ah ! ah ! ah !

UN SPECTATEUR

Avec lui la vie n'est pas morose
Et l'on prend tout gaiement.

LE TIRE-LAINE, *à part, tout en lui dérobant
son mouchoir*

On prend même autre chose.

LE SPECTATEUR, *se retournant et l'apercevant*
Au voleur !

LE TIRE-LAINE
Eh morbleu ne criez pas si fort !

UNE VOIX
Il va recommencer, taisez-vous !

LE SPECTATEUR
Du renfort.
(Le tire-laine fuit.)
À la garde. Marchez, au secours il se sauve.
(À un archer.)
Messire.

L'ARCHER
Laisse donc si tu as la vie sauve.

LE SPECTATEUR
Mon mouchoir !

L'ARCHER, *voyant Tabarin recommencer, énervé*
Laisse-le ! Écoute Tabarin.

LE SPECTATEUR, *entêté*
Je suis volé, je veux…

L'ARCHER
Ma botte dans les reins.
(Il l'envoie dehors d'un formidable coup de pied.)

MONDOR

(s'adressant au public avec un effarement comique)

Il a pourtant dit vrai ! Je ne peux pas comprendre.

TABARIN, *à Mondor*

J'ai encore une histoire mon Maître à vous apprendre.
Nez au vent l'autre jour j'allais dans mon jardin
Ronde et vermillonnée devant mes pas soudain
Je vis une citrouille et je pensai « Nature
En la plaçant si bas en proie aux aventures
Tu as manqué d'esprit ».

MONDOR

Alors tu l'accusais
D'avoir fait une erreur.

TABARIN

Morguieu ! J'en enrageais
Qu'elle eût perdu ainsi notion de l'équilibre
Pour placer sans raison un fruit de ce calibre
À si petite queue.

MONDOR

C'est triste Tabarin
Que tu ne fus pas là pour conseiller un brin.

TABARIN

Comme j'entrais au bois soudain ventre de biche !
Je vis que j'avais tort.

MONDOR

Ah !

TABARIN

Levant ma barbiche
Vers la cime d'un chêne où chantait un oiseau
Je reçus un gros gland soudain sur le museau.

MONDOR

Et tu fus convaincu… ?

TABARIN

Penaud comme Gribouille
Je dis : « Que Dieu eût mis aussi haut la citrouille
Et c'est mon pauvre nez qui l'allait recevoir. »

MONDOR

Mon brave Tabarin j'aurais ri de te voir
Avec ton nez bandé.

TABARIN

Maître par les Géorgiques
Je jure cependant que ce fut énergique
Que c'est le seul moyen que l'on put moyenner
Pour que vieux je n'aie pas de lorgnons sur le nez.

(Éclats de rire dans la foule — applaudissements.)
(On entend de grands éclats de voix à la cantonade.)

L'ARCHER

Qui cause donc ce bruit ?

(La foule se parle [?]*.)*

PREMIER BADAUD

C'est la joyeuse bande
D'Aiglemon qui là-bas danse la sarabande
Au milieu du Pont-Neuf.

TABARIN, *serrant les poings*
D'Aiglemon !

DEUXIÈME BADAUD
                    Duc et pair
Venir ainsi danser comme un jongleur vulgaire
Un groupe de marquis fort loin des catholiques
Avec des filles de peu [?] sur la place publique
Un homme vil et dur, un couard…

          TABARIN, *l'interpellant.*
                    Hein ! l'homme explique
Ce que tu penses là.
          (Il l'enlève par le cou et le hausse jusqu'à lui.)

[Fragment]

17 Juin

DEUXIÈME TABLEAU

17 juin.

Dans les Tuileries.

À droite la terrasse [?] *sans un banc. En bas un banc. Marronniers.*

SCÈNE I

PHIL, JEAN.

(Sur la terrasse.)

PHIL

Tiens mettons-nous là *(ils s'assoient)*. Ah mon cher j'ai un mal à la tête. Et toi ?

JEAN

Non. J'ai pensé à autre chose toute la séance.

PHIL

Tu as de la veine d'avoir pu. Moi il fallait que j'écoute pour répondre *(un silence)*. Dis donc, mainte-

53

nant que nous sommes seuls. Eh bien qu'est-ce que tu en penses toi ?

JEAN

De quoi ?

PHIL

Eh bien de cette affaire... Que c'est une sale blague ?

JEAN

Je n'ai pas le droit de te dire ça mais...

PHIL

Oui ça va je comprends, ah mon pauvre Jean tu en as de la veine toi *(sur un geste évasif de Jean)*. Eh oui tu en as ! Sais-tu que c'est terriblement embêtant le rôle qu'il me va falloir jouer.

(Un long silence.)

JEAN

On est bien ici. C'est vert, c'est frais. On respire, il fait bon *(désignant une statue)*. Cette déesse blanche sur ce fond vert, ce coin du ciel au-dessus. C'est charmant...

PHIL

Dis donc.

JEAN

Quoi ?

PHIL

Tu ne sais pas ce que je cherche ?

JEAN

Non.

PHIL

Un moyen de laisser tout ça et de m'évader.

JEAN

C'est ça — vas-y du roman-feuilleton maintenant. Tu pouvais même enlever Solange en partant, ça faisait mieux.

PHIL, *brusque*

Ne me parle pas de Solange.

JEAN

Pourquoi, elle est gentille.

PHIL

Elle m'énerve.

JEAN

Tout t'énerve.

PHIL

Oui tu l'as dit, tout m'énerve *(un temps)*, toi aussi.

JEAN

Charmé...

PHIL

Tu vois eh bien je n'étais pas fait pour être ce que je suis. Le monde où je suis obligé de vivre je l'ai en horreur. Ma mère sait mieux être Duchesse de Saix et Bonbon que maman. Elle m'a élevé comme un objet de prix, comme un joyau. Je pourrais être heureux si je n'avais pas d'âme.

JEAN

Dis donc c'est triste ce que tu dis là. Change.

PHIL

Non c'est gai. Ne raille pas. Tu le sais bien toi aussi comme moi que c'est vrai. Tu vois comme moi que je suis malheureux. Maintenant c'est mieux pour devenir la chose, l'objet de Léon Brach.

JEAN

La chose ! l'objet ?

PHIL

Mais oui tu comprends bien qu'aujourd'hui je suis le paravent à mettre devant ses vues personnelles.

JEAN

Et puis après laisse-le faire. Tu as bien d'autres distractions pour toi avec ta fortune, ton rang. Amuse-toi.

PHIL

C'est trop triste de s'amuser.

JEAN

Prends des maîtresses, je ne sais pas moi, ris.

PHIL

Des maîtresses... des maîtresses. C'est facile à dire
des maîtresses ! Quand on m'aura poussé dans les bras
d'une cabotine quelconque à la mode j'aurai une maîtresse tu crois ? Mais mon cher c'est mieux que ça
pour moi une maîtresse.

JEAN

Ah ! Ah ! Monsieur le sentimental tu veux l'âme
sœur. C'est un peu suranné je t'avertis. Mais enfin
cherche.

PHIL

Dans mon monde je ne trouverai pas l'âme sœur.
J'étais fait pour être peuple.

JEAN

Va chercher dans le peuple.

PHIL

Non, sa rudesse me choque : il me dégoûte.

JEAN, *découragé*

Eh bien alors ennuie-toi.

PHIL

C'est ce que je fais.

JEAN

Allons tu es stupide. Tu as la fortune, un nom et
quel nom, la jeunesse, tu as tout, et tu trouves le
moyen de t'ennuyer. Tu veux que je te dise, eh bien
c'est de la rhétorique tout cela, c'est chercher la neu-

rasthénie. Tu as pensé que ça ferait bien de jouer les Hamlets.

PHIL

Tais-toi. Tais-toi. Tu ne sais pas ce que tu dis. Non ça ne m'amuse pas de jouer les Hamlets comme tu le penses. Je suis triste, je sais, tout le monde l'a remarqué. Mais c'est malgré moi que je suis triste. Je ne me comprends pas moi-même. Il y a quelque chose de caché en moi, des désirs vagues que je ne m'explique pas, des dégoûts, des haines pour tout ce qui est... Autrefois je me serais réfugié dans la Religion... aujourd'hui je ne crois plus... alors *(infiniment triste et résigné)*... je m'ennuie...

(Un très long silence.)

(On entend une voix dans les [...] puis qui se rapproche.)

L'Intran ! Demandez *L'Intransigeant*...

PHIL

Ah tiens ! Être ce marchand de journaux qui pense rien, qui passe là en criant son journal.

LA VOIX, *qui se rapproche*

L'Intransigeant.

PHIL, *appelant*

Psitt.

SCÈNE II

LES MÊMES, LE M. DE J.

LE MARCHAND DE JOURNAUX,
entrant

Voilà, client.

PHIL

Merci *(il paie, l'autre lui rend la monnaie)*. Mais qu'est-ce que c'est mon vieux que ce duc de Saix Bonbon dont on parle ?

M. DE J.

J'sais pas trop. Y paraît qu'c'est une grosse légume qui est maintenant prétendant au trône de France. À quoi qu'ça lui sert ?

PHIL

À quoi ?

JEAN

Allez dire ça à Léon Brach pour voir.

M. DE J.

Évidemment celui-là sert à quelque chose mais l'autre ?

PHIL

Dis donc tu voudrais être à sa place à l'autre ?

M. DE J., *surpris de cette question*

Moi ! Hum ! J'sais pas. Dans le fond ça doit être un drôle de métier. *(Reprenant son paquet.)* Ah au revoir client.

PHIL

Au revoir.

JEAN, *quand il est parti*

Il est drôle ce type.

PHIL

Pas si drôle que cela.

SCÈNE III

PHIL, JEAN.

PHIL, *lisant*

Le duc de Lyon vient de mourir... euh... ah voici... son altesse royale le prince de Saix Bonbon devient de ce fait le prétendant au trône de France. Le prince de Saix Bonbon est né... à... après de brillantes, etc., au Lycée Henri-IV... avec ces journalistes les études sont toujours brillantes... il conquiert avec éclat ses grades universitaires *(il rit silencieusement)* puis... j'en passe et des meilleures... ah une interview... *(lisant)*. Le prince nous reçoit dans un des salons de son hôtel de l'avenue du Bois : je suis heureux nous dit-il et peiné en même temps du coup qui me fait chef de parti mais hélas qui m'endeuille... *(hochant la tête)*... dire que tous ces gens vont être persuadés que je lui ai dit ça.

JEAN

Ce devait être le grand brun barbu. Tu n'as pas voulu lui répondre, il a trouvé le moyen de dire tout cela.

PHIL *(laissant tomber le journal)*

Oh que ça m'énerve ça aussi *(un temps)*. Tu as raison. Tout m'énerve.

(Un long silence.)

JEAN

Oh ! Retourne-toi, Philippe, regarde qui arrive.

PHIL, *se retournant*

Ma parole, c'est Wirtz… avec une femme.

JEAN

Toujours. On ne rencontre pas le comte Wirtz sans une femme.

PHIL

Elle a l'air gentille celle-là, et jeune.

JEAN

Elle ne veut pas l'écouter on dirait.

PHIL

C'est une petite cousette, regarde elle a un carton. Très drôle. Tiens ils viennent ici.

JEAN

Mais elle est très jeune ! À qui va-t-il s'attaquer ce vieux dégoûtant.

PHIL

Tu vas voir sa tête s'ils viennent près de nous.

(On entend une voix au fond.)

LA VOIX

Non. Non ! Non ! Laissez-moi.

JEAN

Mais dis donc on dirait qu'elle résiste…

(Le comte Wirtz apparaît serrant de près une jolie fille.)

SCÈNE IV

LE COMTE WIRTZ, SUZETTE, PHIL.

SUZETTE

Non ! Laissez-moi.

LE COMTE WIRTZ

Voyons mon enfant, écoutez-moi au moins…

S.

Je veux bien vous écouter mais je peux vous entendre sans que vous me tripotiez le bras *(elle lui tape sur la main)*. Bas les pattes.

W.

Eh bien tenez asseyons-nous sur ce banc… Je veux vous parler.

S.

Si vous voulez mais dépêchez-vous. Je suis pressée.

(Ils s'assoient. Durant toute la scène Jean et Phil, qui se sont un peu poussés pour qu'on ne les voient pas, écoutent.)

W. *(lui prenant le bras)*

Écoutez mon enfant...
D'abord je vous ai déjà dit de me lâcher le bras.

PHIL, *à mi-voix*

Dégoûtant !

W.

Je vous lâche... Mais tenez, vous ne savez pas comme je vous veux du bien.

S.

Oui, je connais.

W.

Mais non, vous connaissez pas. Si vous voulez, vous aurez des robes, des bijoux, de tout. Voulez-vous ?

S.

Non.

W.

Eh bien venez au moins chez moi prendre un porto.

S.

Non.

W.

Dans un thé alors ?

S.

Non.

W.

Mais, dites-moi Mademoiselle, savez-vous dire
« oui » ?

S., *souriant*

Non.

W.

Ah ! Ah ! et « non » ?

S.

Oh oui !

W.

Tiens, vous savez dire oui !

S., *souriant malgré elle*

Eh bien oui je sais. Mais laissez-moi. Vous
m'embêtez, il faut que je rentre *(elle veut se lever, il la
fait rasseoir)*.

W.

Allons, allons, ne soyez pas méchante. Je suis,
voyez-vous, un bon vieux papa à qui vous rappelez une
fille qui est morte autrefois toute jeune.

JEAN

Oh ! Il a de l'imagination.

W.

Elle vous ressemblait… si vous voulez que je sois votre ami, je vous gâterai comme je la gâtais. *(Voyant que Suzette va céder, il se fait plus pressant.)* Allons, ne soyez pas si bête mon petit de laisser passer cette occasion. Vous ne la retrouverez pas. Venez, vous avez envie de quelque chose en ce moment, peut-être une robe, une fourrure, un sac, que sais-je ?

S.

Bien sûr.

W.

Quoi ?

S., *après une hésitation*

Je voudrais un mouflon blanc.

PHIL, *souriant tristement*

Pauvre petite !

W.

Eh bien venez, allons-en chercher un. Je vous le donne. *(Il la relève.)* Après vous viendrez chez moi prendre quelque chose et nous nous quitterons bons amis. *(Il lui prend le bras et lui embrasse la main puis veut monter.)*

S.

Eh dis donc pas si haut.

W.

Vous venez…

S.

J'aurai mon mouflon ?

W.

Mais oui.

S.

Personne ne le saura ?

W.

Mais non… !

S.

Mais ma robe que je dois livrer.

W.

N'ayez crainte, j'enverrai mon chauffeur la porter.

S.

Vous avez une auto ?

W.

Oui.

S.

Sans blagues ? Où c'est qu'elle est ?

W.

Là. *(Il l'entraîne.)* Allons venez.

S.

Oh moi qui aime tant monter en auto. *(Ils vont partir.)*

PHIL

Viens Jean, va ! Pauvre gosse ! Oh non Jean, on ne peut laisser ainsi ce vieux dégoûtant emmener cette pauvre petite. Mais c'est horrible... mais c'est un crime... parce qu'elle n'est rien... parce qu'il est riche lui... oh ! *(appelant)* Comte !

W., *se retourne effrayé*

Hein ? *(lâchement).* Je... nous... Bonjour altesse, je... me... promenais.

PHIL *(descendant)*

Oui je sais, j'ai deux mots à vous dire. On a besoin de vous immédiatement chez la duchesse.

W.

Mais...

PHIL *(durement)*

Allez-y.

W., *montant*

Je devais...

PHIL

Il ne s'agit pas d'autre chose Monsieur, il y va de l'intérêt du parti... dépêchez-vous.

[*Manquent deux pages dans le manuscrit.*]

(Elle veut protester.)

PHIL

Mais si mais si vous le pensez. Eh bien non je ne veux rien. Je vous comprends, vous êtes jeune, jolie, très jolie, vous aimez le luxe *(un temps)*. Tout à l'heure, nous irons vous acheter un mouflon.

SUZETTE *(qui avait paru attristée au souvenir de sa mère, retrouvant tout son sourire)*

Vrai !

PHIL

Oui, un blanc ?

S.

Oh chic que vous êtes gentil *(un temps)*. Il ne faudra pas aller prendre le porto chez vous ?

PHIL *(souriant tristement)*

Mais non. Comme vous appelez-vous ?

S.

Suzette.

PHIL *(il lui prend la main)*

C'est un joli nom. Eh bien petite Suzette chaque fois que vous voudrez quelque chose il faudra venir me trouver et surtout… tenir votre promesse. C'est oui ?

S.

Oui, mais… *(éclatant en sanglots)*, on ne m'a jamais parlé comme ça… je ne sais pas ce que j'ai… c'est idiot… je suis bête.

PHIL *(la prenant contre lui)*

Mais non, mais non. Allons il ne faut pas que vos yeux soient rouges *(tirant sa pochette)*. Petit bébé, petit bébé, essuyons vite ces yeux… *(Il l'enlace de plus près.)* Allons faut-il vous bercer comme un petit enfant ?

SUZETTE *(qui s'aperçoit soudain
qu'elle est dans ses bras, se dégageant)*

Laissez-moi.

PHIL

Pourquoi ?

S.

Tout d'un coup me voilà dans vos bras, je ne vous connaissais pas il y a cinq minutes.

Les deux cocus

A 2 cœurs

(Terrasse d'un petit ~~hôtel~~ talus à la mer
Dupont les jumelles. Durand inspecte
l'horizon avec ses jumelles)

~~Dupont~~ Pihar

Beau temps ! la mer est belle, la
plage est belle ! (un silence) et d'un bleu !
Les mouettes volent blanches sur le
ciel (durement) ~~Et donc~~ elle reviendra
bien parte cette petite là bas.

~~Dupont~~ Pihar se levant

Oui.

~~Sa~~ P sannon

Là en maillot rose avec un bonnet
vert sean ..

P Salanne

Je ne vois (il regarde dans les jumelles) Oui
(il repose les jumelles et soupire)

Di P

Du es tiens ~~Jacques~~ crois qu'à lu
Moi ! (immense) j je n'ai rien .

(Terrasse d'un palace à la mer. Dupont [lit] les journaux. Durand inspecte l'horizon avec ses jumelles.)

PILAR

Beau temps ! la mer est belle, la plage est belle ! *(un silence)* et d'un bleu ! Les mouettes volent blanches sur le ciel... *(brusquement)*. Elle [est] rudement bien... ?

JACQUES, *se levant*

Où ?

P.

Là en maillot rose saumon avec un bonnet vert d'eau...

J.

Fais voir. *(Il regarde dans les jumelles.)* Oui. *(Il repose les jumelles et soupire.)*

P.

Tu es triste, vieux, qu'as-tu ?

J.

Moi ? *(un silence)* Je n'ai rien.

P.

Rien de rien ?

J.

Rien de rien.

P.

Tu sais, je suis un vieux copain, faut pas te gêner si tu as eu une culotte au Casino...

J.

Oh non tu vois, au contraire je gagne en ce moment *(amer)*, je gagne beaucoup.

P.

Ah ? Hein c'est drôle, moi aussi.

J.

Ah ? *(il se remet à lire les journaux. Polar à inspecter la mer).*

P.

J'aperçois Mina Bella dans la régate du Prince Olos.

74

J. *(sursautant)*

Mina Bella ? *(Il regarde avec la jumelle arrachée des mains de Polar.)* Oui. *(Il se rassoit.)*

P. *(posant les jumelles brusquement)*

Et puis ça m'énerve de regarder la mer. *(Il s'assoit, se frotte l'œil.)* Ça fait mal.

J.

Ça fait ?... *(Il se frotte l'œil aussi).* Tiens c'est vrai, tu as raison *(convaincu)* ça fait mal aux yeux. *(Polar soupire.)* Eh bien qu'as-tu vieux, tu as l'air triste toi aussi ?

P.

Moi ?

J.

Oui. Ça serait-il toi qui aurais la culotte ?

P. *(hargne)*

Oh non alors...

J.

Ah oui c'est vrai, tu m'as dit que tu gagnais.

P., *sans achever*

Comme un...

J., *distrait*

Comme un ?

P., *avec force*

Comme un… cocu !

J., *l'arrêtant.*

Ah oui, oui. Oh ce n'est pas un mal.

P.

Tu trouves ?

J.

De gagner.

P.

Ah, de gagner ?

J., *distrait*

Oui.

P., *de plus en plus distrait*

Non.

(Ils se remettent à lire les journaux et se regardent à la dérobée par-dessus leurs feuilles.)

P. *(à part)*

Il a quelque chose… ?

J.

Il ne veut pas me l'avouer mais… ça ne va pas.

(Un long silence, soudain.)
Tous les deux ensemble

Dis donc vieux ? *(Ils éclatent de rire, puis* POLAR *:)*
La première qui rentre…

J., *sans gaîté*

Oui... *(silence gêné).* À propos qu'est-ce que tu voulais me dire ?

P.

Et toi ?

J.

Je voulais que tu m'expliques ce que tu as.

P.

Mais je n'ai rien.

J.

Mais si.

P.

Eh bien dis ce que tu as. On est des vieux amis de collège, on peut bien se faire des confidences, que diable !

J.

Commence.

P.

Non je t'en prie.

J.

Ah non, c'est toi qui as eu l'idée.

P.

Eh bien voilà. C'est simple. Je suis triste et j'ai une veine effrayante au baccara, alors.

J.

Tu es cocu ?

P.

Oui... et toi ?

J.

C'est la même chose. *(Ils éclatent d'un rire jaune et modéré.)*

P. *(pas convaincu)*

C'est très drôle.

J. *(pas plus convaincu que Polar)*

Très.

(Un long silence, ils ont tous les deux un sourire idiot, après cette confidence, ils ne savent plus que se dire.)

P.

Bien, dis, toi, c'est... c'est par qui...

J., *résistant.*

Oh ça...

P.

À un vieux copain...

J.

Eh bien c'est par... par une artiste.

P.

Moi aussi.

J.

De plus en plus drôle, une blonde ?

P.

Oui.

J., *commence à s'interroger*

Des Folies périlleuses ?

P., *angoissé*

Oui.

J., *qui sent une catastrophe*

Nom de Dieu !

P.

Tu vois pas si c'était la même.

J.

Oui.

P.

Mina Belle ! Oh la vache *(croisant les bras)*. Tu…

J., *croisant aussi les bras*

Toi !

P.

Oh non par exemple c'est trop fort. *(Ils éclatent de rire.)*

J.

Double cocu partout. Alors nous le sommes deux fois.

P.

Oui. C'est le moment d'aller au baccara.

J.

C'est stupide ce que tu dis là. Et d'un goût !

P.

Ben et toi ?

J.

J'aurais dû m'en douter.

P.

Moi aussi.

J.

Oh les femmes ! *(Un temps.)* Mais ce n'était pas possible, il y avait un de nous deux qu'elle aimait et l'autre qui était une farce.

P.

Tu crois, mon pauvre Jasone.

J.

Pourquoi pauvre… ?

P.

Eh bien, et le troisième. *(Cet argument laisse Jasone rêveur.)*

J.

Ne parlons plus de cela si tu veux bien mon cher.

P., *conclut*

N'en parlons plus. *(Ils vont s'installer avec des journaux chacun à un bout de la scène en se tournant le dos. Un long silence.)*

(Un chasseur entre et hésite entre les deux puis va à Jasone).

LE CHASSEUR

Monsieur, une dame m'a chargé de vous remettre ce mot.

J.

Merci mon ami. *(Fouillant sa poche.)* Voilà.

LE CHASSEUR

Merci Monsieur. *(À l'autre monsieur :)* C'est commode, ils sont tous les deux là. Monsieur…

P.

Mon ami ?

LE CHASSEUR

Une dame m'a chargé de vous remettre ce mot.

POLAR *(fouillant dans sa poche)*

Merci. Tiens.

LE CHASSEUR

Merci Monsieur. *(Il s'éloigne sur la pointe des pieds.)*

J., *lisant à mi-voix*

« Mon coco en sucre, viens ce soir. C'était pour rire, je t'aime encore. Mina. »

P., *lisant*

« Mon coco en sucre, viens ce soir. C'était pour rire, je t'aime encore. Mina. »

LE CHASSEUR, *qui a tout écouté avant de sortir*

Elle les fait polycopier celle-là !

J., *à part*

Elle m'aime encore, c'est lui [le] cocu.

P., *à part*

Ce vieux Jasone, va ses cornes sont solides.

> *Tous les deux dans leur coin, satisfaits.*

Hé, hé, hé, hé *(se retournant)*.

P.

Qu'as-tu à rire ?

J.

Et toi ?

P.

Rien.

J.

Moi non plus. Ah je m'en vais m'habiller, je sors ce soir.

P.

Moi aussi, je sors dans un instant.

J.

Au revoir vieux.

P. *(rigolant dans son journal)*

Au revoir ! *(Regardant partir Jasone.)* Hé, hé, hé, hé, pauvre Jasone va ! *(Il se replonge dans son journal en riant.)*

J.
(presque arrivé à la porte, se retourne et regardant Polar)

Hi, hi, hi, hi ! Pauvre Polar !

RIDEAU.

Le verbe s'est fait chair

Le verbe s'est fait chair

Le soir. Une route. un tout
petit chemin pui suspecte. à
droite une ruse toute haute guerrier
Un chef. un feu brûle.

Une voiture entre — il conduit une
jeune fille.
Le soldat. Viens
La j. fille. J'ai peur. je veux rentrer
(elle recule)

Le s. Mais vous donc ! il la tue
brutalement elle a un petit cri
et en tombant je rentrée pas
la tente. La toile de a elle en
je rentre le ... un soir ...
au ...

Philippe. ... ne lui fais pas
de mal. le soldat, immobile,
Tu l'as retournée. les veux-tu
cri ?
Le s. au ge le ceux derniers ...
Ph. Ha.. ha... Et elle
Le s. Elle a peur

[*PREMIÈRE VERSION*]

Le soir. Un champ, un tout petit chemin qui serpente. À droite la tente guerrière d'un chef. Un feu brûle.

Un soldat entre. Il conduit une jeune fille.

Le soldat : Viens.

La jeune f. : J'ai peur, je veux rentrer *(elle recule)*.

Le S. : Mais viens donc ! *(Il la tire brutalement, elle a un petit cri et va tomber prostrée près de la tente. La toile [...] s'entrouvre. Un homme sort, cuirasse superbe.)*

L'Homme : Ne lui fais pas de mal *(le soldat s'immobilise)*. Tu l'as retrouvée. Les vieux ont crié ?

Le soldat (avec un geste) : Cent deniers...

L'H. : Ha... ha. Et elle...

Le S. : Elle a peur.

La jeune fille : Je veux rentrer...

L'H. (dont la voix brève et rude quand il parlait au soldat s'est faite soudain douce et chaude) : N'aie pas peur petite. On ne te fera pas de mal.

La jeune f. : Ma mère m'attend.

L'H. (a un petit rire, puis un peu tristement peut-être) : Non, elle ne t'attend plus. Elle use ses yeux de sorcière à vérifier si elle a ses cent pièces d'argent.

La jeune f. (qui s'est levée) : Vous qui n'êtes pas méchant, dites que vous me laisserez partir… ?

> *(Les deux hommes la regardent toute petite qui les implore.)*

Puis l'Homme qui rêvait : N'est-ce pas qu'elle est belle Junius [?]

J. : Oh, si tu la voyais nue, Maître. *(Il a porté la main pour arracher la tunique. La petite pousse un cri. Une bousculade. L'homme l'a envoyé rouler au loin. Il se relève péniblement. Un silence.)*

L'Homme : Va-t'en. *(Le soldat sort, un silence. Il va à un gong qui résonne. Un officier entre.)* Aux ordres, Marcus. Défense d'approcher le camp ce soir. S'il venait des hommes du village fais-les chasser à coups de manche de pique… Qu'on se tienne prêts, nous partirons au jour levant. Demain matin tu laisseras passer cette petite. *(L'officier sort.)* Viens, ne tremble pas. Je ne te ferai rien. *(Il s'est assis sur un tas de pierres près d'elle.)* Tu as peur ?

J.F. : Je voudrais rentrer.

L'H. : Pourquoi, tu n'es pas bien ici. Tu serais mieux chez toi ?

J.F. *(geste)*.

L'H. : Qu'est-ce que tu fais chez toi ?

J.F : J'aide ma mère.

L'H. : Elle te bat ta mère ?

J.F : Quand je n'ai pas lavé tout le linge ou bien quand il reste des miettes sous la table.

L'H. : Puisqu'elle te bat, pourquoi veux-tu y retourner. Tu es mal ici ?

J.F (a un geste, un silence) : J'ai froid.

L'H. : Tiens ! *(Il tire son manteau qu'il lui donne. Il apparaît dans une cuirasse d'argent. Elle le regarde.)* Tu trouves cela beau ? *(La petite oublie sa peine dans le sourire)*. Je t'en ferai voir une autre qui est en or.

J.F : En or comme les bracelets ?

L'H. : Oui. *(Elle rêve à des bracelets. Il la regarde.)*

J.F : Je veux partir. *(Il la force doucement à se rasseoir.)* Pourquoi me gardez-vous ici ?

L'H. : Ce serait trop long à t'expliquer, petite, et puis tu ne comprendrais pas. Quelquefois dans un chemin creux ou bien sur la pente d'une colline tu sens comme une envie douce et triste, de pleurer. Tu voudrais garder quelque chose avec toi, converser avec le ciel si bleu entre les branches d'arbres, avec une petite maison blanche et qui a l'air d'un appel, non tu dois partir ; ton enfant ou ta mère t'attendent mais tu dois partir. Alors tu cueilles une fleur toute petite, que tu respires. Tu me regardes avec tes grands yeux où l'on voit passer toutes les puretés et toutes les douceurs, tu ne me comprends pas très bien sans doute mais tu vois que je ne suis pas méchant et je ne vois plus battre de frayeur l'aile frémissante et dorée de tes narines. Tu souris... tu dois me trouver amusant et un peu fou... *(il lui caresse la tête)*. Ô petite fille de Nazareth, je veux que ce soit un joli souvenir qui te reste comme une pierre précieuse... Tu es habituée aux brutes de ton village, mais tu es douce, fine, tu peux comprendre. Je suis habitué aux brutes de Rome. J'ai des esclaves, des femmes et je ne suis pas plus ému qu'un autre quand leur sang gicle sous le fouet, mais il y a en moi quelque chose de grand et que César lui-même ne connaît pas... Je veux te le donner à toi, petite vierge. *(Il la serre contre lui.)* Tu es bien ? *(un silence)*. Comment t'appelles-tu ?

J.F : Marie.

L'H. : Marie, tu as un amoureux dans ton village ?

J.F : J'ai un fiancé, Joseph le charpentier.

L'H. : Tu l'aimes ?

J.F : Je ne sais pas. Il m'a demandée à mon père.

L'H. : Ô petite fille, tu ne resteras qu'une nuit, mais demain au jour levant, quand tu rentreras au village, tu seras si différente des autres et toutes les Romaines rêveront de ton bonheur de cette nuit. Toi tu ne sauras rien car tu es simple et douce. Tu vas retrouver ce brave lourdaud de Joseph qui se fâchera peut-être un peu mais qui te pardonnera bien vite car il t'aime dans le fond, et puis tu continueras ta vie toute simple de petite paysanne juive... As-tu rêvé des palais et des esclaves, des fêtes, des voyages [?] sur l'eau ?

J.F : Je ne sais pas. On parle de tout ça dans les contes que disent les vieux le soir quand on a lu les Écritures.

L'H. : J'ai tout cela là-bas dans ma patrie lointaine et plus encore que tu ne peux imaginer, petite vierge de Sion, et tout cela aurait pu être à toi si les Dieux avaient mêlé autrement les grains de sable... Je suis un général romain, tu es une petite fille gardienne de moutons et après mon caprice de ce soir il n'y aura plus rien dans ta vie... *(un silence)*. Si, peut-être qu'il viendra un petit enfant plus brun et plus souple que moi et qui aurait pu être patricien romain. Il aura peut-être un peu de sang impérial dans les veines, ce qui fait qu'il sera fort et qu'il deviendra le chef de la tribu...

[*DEUXIÈME VERSION*]

[SCÈNE I]

Le soir. Un champ. Un petit chemin qui serpente. À droite, immense, la tente d'un chef. Un feu brûlé.

Une trompette guerrière joue des appels qui vont en s'éloignant. Silence. Un soudard entre, casqué, en manteau brun, poussant une petite forme claire dans des voiles.

Le soldat : Avance.

Le petite : J'ai peur, je veux rentrer. *(Elle résiste.)*

Le s. : Avance donc. *(Il la pousse brutalement, elle a un petit cri et va tomber, prostrée près de la tente. La toile de celle-ci se retrousse. Un homme apparaît. Il porte une cuirasse superbe, ressemblant à un centurion de Mentana, altier et souple, avec des chapeaux* [?] *qui le grandissent encore.)*

L'h. : Ne lui fais pas de mal. *(Le soldat s'immobilise.)* Elle était au village... ses vieux ont dû crier.

Le s. (un geste) : Cent deniers.

L'h. : Ah, ah... Et elle ?

Le s. : Elle a peur.

La petite : Je veux rentrer chez moi.

L'h. (dont la voix se fait douce) : N'aie pas peur petite, il ne te sera pas fait de mal.

La petite : Ma mère m'attend.

L'h. (petit rire puis un peu amer) : Non elle ne t'entend plus. Elle a poussé le gros loquet de bois de la porte car elle est sûre que tu ne rentreras pas de ce soir. Maintenant à la lueur du foyer elle use ses yeux de sorcière à compter si elle a bien ses cent pièces d'argent.

La p. (s'est levée. Elle a senti un ami) : Oh Monsieur, qui n'es pas méchant, dites que vous me laissez partir.

(Les deux hommes la regardent, toute petite qui les implore.)

L'h. : N'est-ce pas qu'elle est belle, Julius.

Le s. : Si tu la voyais nue, Maître. *(Il a porté la main pour arracher la tunique. La petite pousse un cri. D'une bourrade l'homme l'a envoyé rouler à dix pas. Il se relève craintivement.)*

L'h. : Va-t'en. *(Le soldat disparaît.) (L'homme va à la tente taper sur un gong. Un officier entre.)* Aux ordres Marcus. Personne n'approche le camp ce soir. S'il venait des hommes du village, fais-les chasser à coups de manche de pique. Veille à te tenir prêt, nous partirons au jour levant. *(L'officier salue, tourne les talons.)* Demain matin tu laisseras passer cette petite. *(L'officier sort.)* Viens, tu trembles ? Ne tremble pas. Je ne te ferai pas de mal. *(Il s'est assis sur les brancards de la charrette et l'attire.)* Tu as peur ?

La petite : Je voudrais rentrer.

L'h. : Pourquoi ? Tu n'es pas bien ici. Tu seras ici mieux que chez toi.

(La petite a un geste.)

L'h. : Qu'est-ce que tu fais chez toi ?

La petite : J'aide ma mère.

L'h. : Elle te bat ta mère ?

La petite : Oui quand je n'ai pas lavé tout le linge ou quand il reste des miettes sous la table.

L'h. : Puisqu'elle te bat pourquoi veux-tu y retourner ? Tu es mal ici ?

La petite (a un geste. Un silence) : J'ai froid.

L'h. : Tiens. *(Il tire son manteau. Il apparaît dans une cuirasse qui brille. Elle le regarde puis elle avance les doigts, timide, et touche. Il éclate de rire. Elle retire sa main comme si elle s'était brûlée.)*

L'h. : On peut toucher.

Un silence, puis la petite : Je veux partir.

L'h. (la force à se rasseoir) : Que fais-tu ? reste. Ta mère t'a vendue à moi pour ce soir...

La petite (se met à pleurer) : Pourquoi voulez-vous me garder ici ?

(L'homme se met à rire, longtemps. Puis il s'arrête, hausse les épaules et revient s'asseoir près de la petite accroupie.)

L'h. : Pourquoi ? *(Il a passé sa main autour du cou de la petite et la caresse.)* Parce que tu es une petite vierge à la fois brute et douce et que je veux dans une nuit goûter avec toi toute l'âpre douceur des plaines brûlantes de la Judée. Je suis comme ces touristes qui ont le besoin d'emporter avec eux quelque chose des contrées où ils passent : une fleur, une poterie, une chanson... Tu seras pour moi un objet du pays comme les [...] ou les petits coffrets de coquillage. Tu me regardes avec de pauvres yeux humides : tu as raison de pleurer, ça te va bien. Tu ne me comprends pas... tu as raison de ne pas me comprendre. Dis-moi que tu ne me comprends pas.

La petite : Non Monsieur.

L'h. : C'est parce que ton âme est fraîche ; tu es telle que je t'ai désirée longtemps. Sous les caresses compliquées de mes maîtresses... de César. Je suis sûr que lorsque je t'embrasserai tout à l'heure tu serreras bien fort les lèvres. Tu es une petite vierge et tu portes en toi tous les désirs... de leur écorce... *(un temps)*. Tu n'as plus peur ? Tu vois je ne suis pas méchant. Je ne suis pas mauvais comme les hommes de ton village. Je ne te brutalise pas. Tu souris, tu dois me trouver un peu fou ? Petite fille de Nazareth, lorsque tu retourneras demain vers ton village, je chevaucherai dans les sables et chaque foulée m'éloignera de toi... Tu seras redevenue une petite jeune fille qui s'en ira le soir vers les fontaines, l'amphore posée sur la hanche... et pourtant tu seras différente des autres et toutes les Romaines rêveront de ton bonheur de cette nuit *(un silence)*. Comment t'appelles-tu ?

La p. : Marie.

L'h. : Marie. Tu as un amoureux au village.

La p. : J'ai un fiancé, Joseph le charpentier.

L'h. : Tu l'aimes ?

La p. : Je ne sais pas, il m'a demandée à mon père.

L'h. : [...] Toi, tu ne sauras rien car tu es simple et douce comme une... Tu épouseras Joseph et tu continueras ta vie simple de petite paysanne.

> [*Ici plusieurs tirets qui semblent renvoyer au texte correspondant de la première version.*]

Et tu auras été choisie entre toutes les vierges de Sion pour le mettre sur la terre...

La p. : Monsieur qui êtes-vous, Monsieur, vous parlez comme les prophètes... Je suis trop petite je vous assure pour être celle qui donnera le jour à Christ.

L'h. : Qu'est-ce que tu racontes. Mais non tu n'es pas trop petite. Viens. *(Il l'entraîne sous la tente.)*

La p. : Seigneur.

SCÈNE II

Une petite maison juive, claire et simple. Peu de meubles : l'établi du charpentier. Grand soleil.

Joseph : Non, j'irai dire à ton père que je ne te veux plus pour épouse. Je ne veux pas d'une fille qui a fauté…

Marie : Mon bon Joseph…

Joseph : N'essaie pas de me circonvenir avec des paroles doucereuses. Tu n'aurais même pas dû avoir l'audace de venir ici m'apprendre ça. Un autre qui aurait eu le sang chaud t'aurait tuée.

M. : Oui mais toi tu n'es pas méchant.

J. : Faut pas t'y fier. J'ai l'air de rien mais si je me mettais en colère, je ferais un mauvais coup.

M. : Mais tu ne te mettras pas en colère.

J. : C'est pas dit car mon honneur est taché.

M. : Mais puisque je te dis que c'est le Seigneur…

J. : N'essaie pas de m'abuser avec des fariboles. Tu as été avec un autre gars, ni plus ni moins. Et maintenant qu'il a pris son plaisir, comme il ne veut plus de toi, tu viens me demander de t'épouser quand même… faut pas m'la faire.

Films publicitaires pour O'Cap

2

<u>Son titre</u>

(qui sera enlevé pour
ce plus sera divisé en les
gens d'achat)

Malheureusement devenu
~~mamma~~ ~~fini~~ Edith ~~Pompole~~ avait
oublié les excellents conseils
du chef du protocole
—

On ~~voit~~ une jeune femme
qui prépare une grande
cuvette d'eau chaude et
du savon ~~sa to cho~~ .
elle appelle

- Toto ! . (silence)
toto ! (silence encore) Enfin
toto où es-tu ?

Là d Toto maman huu
j'suis sorti.

1° *Une vue documentaire d'un défilé officiel. Une Sambre-et-Meuse lointaine.*

Le speaker : Dans toutes les cérémonies officielles le Président de la République doit embrasser sur les cheveux une petite fille ou deux.

2° *Vue documentaire. On voit le Président embrasser une petite fille qui lui offre des fleurs.*

Le speaker : Quand la petite fille a la tête propre ça va... mais quand elle l'a pleine de pellicules...

3° *On voit une petite fille avancer avec des fleurs.*

Le speaker : Et c'était justement le cas d'Édith Capofile qui avait été choisie par la ville de Montélimar pour offrir du nougat au Président...

Le chef du protocole la prend à part à l'abri d'une plante.

4° *On voit le chef du protocole dissimulé derrière une plante verte, qui appelle la petite :*

Le Chef du Prot. : Pstt… viens ma petite fille.

La petite : Maman m'a dit de ne pas écouter les vieux messieurs, M'sieur.

Le Chef du Prot. : Mais ma petite fille tu peux avoir confiance en moi : j'ai un uniforme.

La petite : Qu'est-ce que ça prouve ?

Le Chef du Prot. : Ce que ça prouve ? ce que ça prouve ? Mais je suis le chef du Protocole.

La petite : Du pot à colle ?

Le Chef : Du Protocole. Mon rôle est de veiller à ce que rien ne cloche autour du Président de la République. C'est bien toi qui es chargée par la ville de Montélimar d'offrir du nougat au Président ?

La petite : Oui, M'sieur.

Le Chef : Ma petite fille, le Président doit t'embrasser sur les cheveux et tu les as sales et couverts de pellicules.

La petite : Maman n'a pas voulu que je prenne froid à me laver la tête, M'sieur. Nous sommes en janvier.

Le Chef : Il faut pourtant remédier à cela avant que le Président ne t'embrasse. Sans quoi je perds ma place. Je te promets que tu ne prendras pas froid. C'est de la nouvelle lotion O'Cap qui tue les pellicules sans même te mouiller la tête. Viens, il y en a pour une minute.

La petite : Je ne veux pas, je ne veux pas, au secours !

Le Chef : Mais ne crie donc pas. Il ne faut pas qu'on nous aperçoive. Laisse-toi faire, ma petite fille, le Président attend déjà. Tiens regarde ça ne fait pas mal. *(Il ôte son bicorne et se frotte la tête.)* Tu vois, quand ça mousse *(on le voit au premier plan couvert de mousse)* je m'essuie *(il sort son mouchoir et s'essuie)*. C'est fini. Sens comme ça sent bon ?

La petite : Oh oui alors... Je veux bien mais il faudra m'en donner pour épater les copines.

Le Chef : Entendu ! *(Il commence à lui nettoyer la tête en faisant ce qu'il dit.)* Pour toi, comme pour les femmes qui ont les cheveux plus longs que les hommes nous ne procéderons pas de la même façon. Avec du coton je nettoie les racines dans chaque raie que je fais avec le peigne. Je frotte un peu avec les doigts mais sans chercher à faire mousser.

5° *Premier plan de la petite. Il finit de la peigner.*

Là tu es la plus belle petite fille de Montélimar et tu n'as plus de pellicules si tu fais ça tous les matins. Voilà un flacon d'O'Cap ? Je t'en fais cadeau.

La petite : Chouette alors ! Qu'est-ce qu'elles vont dire les copines...

Le Chef : Allez, vite, le Président t'attend.

La petite fille peut présenter ses nougats. Une Marseillaise *éclate.*

***

Sous-titre (qui sera enlevé quand le film sera divisé en trois films d'entracte) :

« *Malheureusement, devenue maman, Édith Capophile avait oublié les excellents conseils du chef du Protocole.* »

On voit une jeune femme qui prépare une grande cuvette d'eau chaude et du savon.

Elle appelle :

Toto… *(silence)*, Toto ! *(silence encore)*. Enfin Toto, où es-tu ?

La voix de Toto, de mauvaise humeur : J'suis sorti.

La maman : Tu n'es pas sorti puisque tu me parles.

La voix de Toto : Je te téléphone.

La maman : Tu dis des idioties, Toto, tu sais bien que nous n'avons pas le téléphone.

La voix de Toto : Je l'ai fait mettre.

La m. : Allons où es-tu ? Je te donnerai quelque chose.

Toto : On la connaît. Après quand je viens, tu ne me donnes rien.

La m. : Toto, je te trouverai et tu auras la fessée.

(Pendant ce dialogue on a vu la malheureuse maman qui cherche dans la pièce, sous les lits, dans les meubles, et en même temps on voit Toto qui est monté tout en haut de l'armoire et qui rigole. Enfin elle le voit.)

La m. : Oh ! Tu es en haut de l'armoire. Mais comment es-tu monté ? Descends Toto.

Toto : En tout cas je ne veux pas que tu me laves la tête.

La m. : Mais Toto, elle est garnie de pellicules.

Toto : D'abord, ça ne les fait pas partir de laver la tête. Tu as déjà essayé dix fois. Et puis grand-mère aussi en a.

La m. : Toto, si tu ne descends pas je vais te gifler.

Toto : T'es bien trop petite.

La m., prête à pleurer : Toto, tu me parles mal, tu me fais de la peine.

Toto : Toi aussi tu me fais de la peine quand tu me fais prendre un rhume à vouloir me laver la tête.

La m. : Mais tu es laid avec tes pellicules !

Toto : M'en fiche. Un homme n'a pas besoin d'être beau. C'est papa qui me l'a dit.

(Le père entre. Il est affreux) : C'est exact. J'espère, Édith, que tu ne lui dis pas le contraire.

La m. : Hector, Toto a la tête pleine de pellicules et il ne veut pas se la laisser laver. Il est monté sur l'armoire.

Le père : Toto, descends !

Toto : Non. Fais le Chinois si tu veux que je descende.

Le père : Je vais te gifler, garnement.

Toto : T'es trop petit. Fais donc le Chinois.

La mère : Fais le Chinois puisque nous n'avons que ce moyen.

(Le père fait le Chinois.)

Toto : Je ne descendrai pas. Tu ne l'as pas bien fait. *(Cris des parents.)* Écoutez, je veux bien que vous m'enleviez mes pellicules mais je veux que ça dure une minute et que ça ne me mouille pas la tête.

Le père le regarde abasourdi. Soudain son visage s'éclaire. On le voit sortir en criant : J'ai ton affaire…

Toto : Ça y est, il va acheter une échelle. Dis donc maman ne crie pas, je descends tout seul.

Premier plan de Toto et du père : Tu vois c'est de l'O'Cap. Je te jure que ça ne te mouille pas. Là, tu vois, ça mousse. Essuie-le, Édith. C'est fini, tu feras ça tous les matins et tu n'auras plus de pellicules. Tu vois, j'ai tenu ma promesse ça n'a duré qu'une minute et ça ne t'a pas mouillé.

Toto : Eh bien ! T'es plus malin que je croyais. Tu m'as eu.

***

Sous-titre (à supprimer dans le cas des films d'entracte) :

« *Ce jour-là le jeune Toto se rendit à l'école, hanté par la merveilleuse découverte de son père.* »

1° *On voit Toto qui se rend à l'école et qui flâne devant les affiches O'Cap.*

2° *Vue du professeur sur sa chaire. On le voit qui somnole. Des boulettes tombent autour de lui. On entend le brouhaha d'une classe en désordre.*

Soudain des cris :

Vlà Toto !

M'sieu vlà Toto, il est en retard.

Le prof se réveille : Qu'est-ce que c'est ?

Les voix :

C'est Toto, M'sieu.

Et y sent bon.

Y vient d'chez le coiffeur, M'sieu. C'est pour ça qu'il est en retard.

La voix de Toto : C'est pas vrai les gars !

Le prof tape avec sa règle : Silence — nous allons commencer la leçon d'histoire. Monsieur Toto puisque vous êtes arrivé en retard, voyons si vous savez votre leçon. Venez ici.

(On voit Toto qui s'avance devant la chaire.)

Toto : M'sieu, je voulais vous dire qu'à midi j'ai pas eu le temps parce que maman m'a passé la tête à l'O'Cap, M'sieu.

Le prof : Qu'est-ce que vous voulez que me fasse l'O'Cap à moi, Monsieur Toto ?

Toto : Ça vous tuera les pellicules et ça vous fera repousser les cheveux, M'sieu.

(La classe éclate en hurlements.)

Le prof : Silence. Nous allons voir, Monsieur Toto, si vous êtes aussi savant que spirituel. Parlez-moi des Capétiens.

Toto : Les Capétiens ?

Une voix qui souffle, trop fort : C'étaient des rois.

Toto : C'étaient des rois.

Le prof : Je l'ai entendu aussi bien que vous, Monsieur Toto. Que pouvez-vous me dire sur ces rois ?

La voix : Y z'étaient… ?

Toto se retourne : C'est pas vrai, M'sieu. Y m'souffle des bêtises.

Le prof : Ne l'écoutez pas… Ainsi vous ne savez rien sur les Capétiens ?

Toto a un éclair de génie : Oh si, M'sieu c'étaient des rois qui se servaient d'O'Cap.

Le prof : Vous aurez un zéro, Monsieur Toto, et douze mille lignes à copier.

Toto : Mais M'sieu…

Le prof : Et si ça continue je vous ferai laver la tête par le directeur.

Toto : Oh c'est déjà fait, M'sieu… avec de l'O'Cap.

(La classe éclate en hurlements.)

Le prof : Mais qu'est-ce que cet O'Cap ? C'est un mot de passe entre vous ?

Toto, lui donnant une bouteille : C'est ça M'sieu.

Le prof, prend la bouteille, lit le mode d'emploi, sent, sourit : Nettoyés et secs en une minute, c'est impossible…

Toto : Oh si M'sieu.

Le prof : Surprenant… Surprenant.

(Il se fait une lotion O'Cap et toute la classe chante la chanson O'Cap pendant que Toto bat la mesure.)

Remerciements

Nous tenons à remercier les héritiers de Jean Anouilh pour l'autorisation de reproduire ici les textes de jeunesse réunis dans ce volume, ainsi que Patrice Rostain à qui nous en devons l'idée.

Nos remerciements les plus vifs vont également à Françoise Marcassus-Combis, Bibliothèque de la Pléiade (Éditions Gallimard), et à la Beinecke Rare Book and Manuscript Library, Yale University, grâce à qui nous avons pu établir cette édition.

JEAN ANOUILH
À LA TABLE RONDE

Antigone.

L'Alouette.

Ardèle ou la Marguerite.

Becket ou l'Honneur de Dieu.

Cécile ou l'École des pères.

La Foire d'empoigne.

La Grotte.

L'Hurluberlu ou le Réactionnaire amoureux.

L'Invitation au château.

Le Bal des voleurs

Médée.

Fables.

Ornifle ou le Courant d'air.

Pauvre Bitos ou le Dîner de têtes.

Le Rendez-vous de Senlis.

La Valse des toréadors.

Le Boulanger, la Boulangère et le Petit Mitron.

Cher Antoine ou l'Amour raté.

Les Poissons rouges ou Mon père, ce héros.

Ne réveillez pas Madame.

Le Directeur de l'Opéra.

Tu étais si gentil quand tu étais petit.

Monsieur Barnett *suivi de* l'Orchestre.

L'Arrestation.

Le Scénario.

Chers Zoiseaux.

La Culotte.

La Belle Vie *suivi de* Épisode de la vie d'un auteur.
Le Nombril.
Œdipe ou le Roi boiteux.
Vive Henri IV ! ou la Galigaï.

☆

Pièces brillantes.
Pièces costumées.
Pièces grinçantes.
Nouvelles Pièces grinçantes.
Pièces noires.
Nouvelles Pièces noires.
Pièces roses.
Pièces baroques.
Pièces secrètes.
Pièces juvéniles.

☆

La Vicomtesse d'Eristal n'a pas reçu son balai mécanique *(souvenirs d'un jeune homme)*.

☆

En marge du théâtre *(articles, préfaces, etc.)*.

LA PETITE VERMILLON

209. Olivier Poivre d'Arvor — *Flèches*
210. Muriel Spark — *Portobello Road*
211. Yannick Haenel — *Les Petits Soldats*
212. Anatole France — *Histoire contemporaine*
213. Xavier Darcos — *Mérimée*
214. Jacques Ellul — *L'Illusion politique*
215. José Sarney — *Capitaine de la mer océane*
216. François Taillandier — *Les Nuits Racine*
217. Michel Adam — *Essai sur la bêtise*
218. Pol Vandromme — *Les Gradins du Heysel*
219. Régis Debray — *Journal d'un petit bourgeois entre deux feux et quatre murs*
220. André Dhôtel — *Rimbaud et la révolte moderne*
221. Chantal Delsol — *Le Souci contemporain*
222. Gabriel Matzneff — *Mamma, li Turchi !*
223. Jean-Paul Caracalla — *Petite anthologie de la poésie ferroviaire*
224. Andrés Trapiello — *D'un vaisseau fantôme*
225. Angélique de Saint Jean Arnaud d'Andilly — *Aux portes des ténèbres*
226. G.-E. Clancier — *L'Éternité plus un jour*
227. Ferdinand Alquié — *Leçons sur Descartes*
228. Ferdinand Alquié — *Leçons sur Kant*
229. Jacques Perret — *Articles de sport*
230. Richard Millet — *Un balcon à Beyrouth*
231. José Sarney — *Au-delà des fleuves*
232. Denis Tillinac — *L'Été anglais*
233. Jean-Paul Caracalla — *Montparnasse. L'âge d'or*
234. René Schérer — *Zeus hospitalier*
235. Georges Gusdorf — *Les révolutions de France et d'Amérique*
236. Ferdinand Alquié — *Qu'est-ce que comprendre un philosophe*
237. Michel Maffesoli — *Éloge de la raison sensible*
238. Gemma Salem — *Thomas Bernhard et les siens*
239. Gabriel Matzneff — *L'Archimandrite*
240. Balzac — *Sur Catherine de Médicis*
241. Raymond Dumay — *La Mort du vin*
242. Alexandre Najjar — *L'École de la guerre*

CET OUVRAGE A ÉTÉ ACHEVÉ D'IMPRIMER
SUR SYSTÈME VARIQUIK PAR L'IMPRIMERIE
DARANTIERE À QUETIGNY EN FÉVRIER
2008, POUR LE COMPTE DES ÉDITIONS DE
LA TABLE RONDE.

Dépôt légal : mars 2008.
N° d'édition : 157265.
N° d'impression : 28-0359.

Imprimé en France.